SELBST ISST DER MANN

INGO BIERBAUM

1.

ßen

INHALT

VORWORT

Du nimmst Dir immer wieder vor Dich nicht mehr ausschließlich von Tiefkühlpizza und Döner zu ernähren? Du hast nach Feierabend jedoch weder Zeit noch Lust stundenlang am Herd zu stehen? Außerdem hast Du einfach nicht das Talent zum Kochen?

Hör auf mit den Ausreden! Jeder kann sich gesund, lecker und abwechslungsreich ernähren – und das ohne besonderes Talent und viel Aufwand. Ingo Bierbaum macht es vor. Er ist zwar selbst ein Mann und kennt diese Probleme. Anders als Du, hat er es jedoch geschafft in kurzer Zeit ein respektabler Koch zu werden. Das gute ist: Das ist gar nicht so schwer!

In diesem Kochbuch für Anfänger, Männer oder Berufstätige ohne viel Zeit zeigt Ingo Dir, wie Du

- einfach und schnell
- günstige,
- gesunde und
- alltagstaugliche

Gerichte zu Hause zubereiten kannst.

Schluss mit den Ausreden! Ab an den Herd!

SUPPEN

GEMÜSE-NUDEL-SUPPE

Vorbereitungszeit: **15 min**
Garzeit: **20 min**

Zutaten:
Für 2 Portionen

- 1 Zwiebel
- 1 EL Öl
- 750 ml Gemüsebrühe
- 1 Karotte
- 1 kleine Zucchini
- 1 gelbe Paprikaschote
- 2 Tomaten
- 50 g feine Suppennudeln
- Salz
- Pfeffer
- 2 Stängel frische Petersilie

1. Zwiebel schälen, fein hacken und im heißen Öl glasig dünsten.
2. Mit der Gemüsebrühe ablöschen und zum Kochen bringen.
3. Karotte, Zucchini, Paprika und Tomaten putzen, waschen und würfeln.
4. Möhrenstücke in die kochende Gemüsebrühe geben. 2 Minuten kochen.
5. Zucchini und Nudeln zufügen. 5 Minuten kochen lassen.
6. Zuletzt die Paprika- und Tomatenwürfel in die Suppe geben. Weiter 5 Minuten kochen.
7. Suppe mit Salz und Pfeffer abschmecken.
8. Petersilie waschen, trocken schütteln und fein hacken.
9. Suppe mit Petersilie bestreuen und servieren.

SCHNELLE MAISSUPPE

Vorbereitungszeit: **15 min**
Garzeit: **25 min**

Zutaten:
Für 2 Portionen

- 2 Dosen Maiskörner
- 1 Zwiebel
- 1 Bund Suppengrün
- 1 Tomate
- 1 große Kartoffel
- 1 TL Öl
- 750 ml Gemüsebrühe
- 100 ml Sahne
- Salz
- Pfeffer
- Chilipulver
- 2 Stängel frische Petersilie

1. Mais in einem Sieb abtropfen lassen.
2. Gemüse putzen, waschen, grob zerkleinern.
3. Öl in einem Topf erhitzen. Zwiebel darin glasig dünsten.
4. Maiskörner, Gemüse und Gemüsebrühe zufügen.
5. Suppe zum Kochen bringen, 10 - 15 Minuten kochen.
6. Suppe mit einem Mixstab pürieren.
7. Sahne einrühren. Nicht mehr aufkochen lassen1
8. Suppe mit den Gewürzen abschmecken.
9. Mit gehackter Petersilie bestreut servieren.

KÜRBIS-CURRY-SUPPE

Vorbereitungszeit: **15 min**
Garzeit: **35 min**

Zutaten:
Für 2 Portionen

- ½ Hokkaidokürbis
- 1 Zwiebel
- 1 EL Butter
- 250 ml Gemüsebrühe
- 1 EL Sherry oder Balsamicoessig
- 50 ml Sahne
- 1 TL Curry
- 1 Prise Zucker
- Salz
- Pfeffer
- Muskat
- Einige Kürbiskerne
- Balsamicoessig

---

1. Kürbis entkernen, schälen. Fruchtfleisch würfeln.
2. Zwiebel schälen, fein hacken, in der heißen Butter glasig dünsten.
3. Kürbiswürfel zufügen. 10 Minuten mitdünsten.
4. Gemüsebrühe und Sherry zugießen. Etwa 25 Minuten köcheln.
5. Sahne und Currypulver unterrühren.
6. Suppe mit einem Mixstab pürieren.
7. Je nach gewünschter Konsistenz die Suppe evtl., bei mittlerer Hitze und ohne Deckel, noch etwas reduzieren lassen.
8. Vor dem Servieren mit Salz, Pfeffer und Muskat abschmecken.
9. Mit Kürbiskernen und einigen Tropfen Balsamicoessig genießen.

ZWIEBELSUPPE

Vorbereitungszeit: **15 min**
Garzeit: **25 min**

Zutaten:
Für 2 Portionen

- 500 g Zwiebeln
- 3 EL Öl
- 1 EL Mehl
- Salz
- Pfeffer aus der Mühle
- 1 TL Zucker
- 650 ml Gemüsebrühe
- 50 g geriebener Käse
- Etwas Paprika edelsüß

1. Zwiebeln schälen, halbieren, fein hobeln.
2. Öl erhitzen. Zwiebeln darin glasig dünsten. Dann mit dem Mehl bestäuben,
3. Salz, Pfeffer und Zucker unterrühren.
4. Gemüsebrühe zufügen. 15 Minuten leicht köcheln lassen.
5. Zwiebelsuppe abschmecken.
6. Mit etwas geriebenem Käse und Paprikapulver bestreut servieren.

HACK-KÄSE-LAUCH-SUPPE

Vorbereitungszeit: **15 min**
Garzeit: **20 min**

Zutaten:
Für 2 Portionen

- 2 EL Öl
- 250 g Rinderhackfleisch
- 2 Stangen Lauch
- 500 ml Gemüsebrühe
- 125 g fettarmen Schmelzkäse
- Salz
- Pfeffer
- Muskat
- Knoblauchpulver
- Zwiebelpulver

1. Öl erhitzen. Hackfleisch darin knusprig braten.
2. Lauch putzen, waschen, evtl. der Länge nach halbieren und in feine Ringe schneiden.
3. Hackfleisch salzen und pfeffern.
4. Lauch zum Hackfleisch geben und ungefähr 5 Minuten mitdünsten.
5. Mit der Gemüsebrühe aufgießen. Alles 10 Minuten bei geringer Hitze köcheln.
6. Schmelzkäse zur Suppe geben. Unter Rühren schmelzen lassen.
7. Suppe vor dem Servieren mit den Gewürzen abschmecken.

FLEISCH

ELSÄSSER FLAMMKUCHEN

Vorbereitungszeit: **20 min**
Garzeit: **10 - 15 min**

Zutaten:
Für 1 Backblech

- 2 Gemüsezwiebeln
- 300 g Mehl
- 125 g Mineralwasser
- 4 EL Öl
- 1 Prise Salz
- 1 Becher Crème fraîche oder Schmand
- 50 ml Milch
- 200 g Schinkenwürfel

---

1. Den Backofen auf 230 °C Ober/Unterhitze vorheizen. Ein Backblech mit Backpapier auslegen.
2. Zwiebeln schälen, vierteln und feine Ringe daraus schneiden.
3. Mehl, Öl, Mineralwasser und Salz verrühren und zu einem glatten Teig verkneten. Evtl. etwas mehr Wasser oder Mehl zufügen.
4. Teig auf Backblechgröße ausrollen, auf das Backpapier legen.
5. Crème fraîche mit der Milch glattrühren. Auf dem Teig verstreichen.
6. Zwiebeln und Speckwürfel gleichmäßig auf dem Blech verteilen.
7. Flammkuchen im heißen Backofen etwa 10 - 15 Minuten goldbraun backen.

SCHNITZEL NACH ALLGÄUER ART

Vorbereitungszeit: **10 min**
Garzeit: **15 - 20 min**

Zutaten:
Für 2 Portionen

- 2 Schnitzel
- 2 EL Öl
- Salz
- 2 Scheiben gekochten Schinken
- 1 Tomate
- 2 Scheiben Allgäuer Käse
- 1/8 l Fleischbrühe
- 1 TL Tomatenmark
- 1 EL Sahne
- 2 EL Weißwein

---

1. Backofen auf 180 ° vorheizen.
2. Schnitzel waschen, trocken tupfen und flachklopfen.
3. Öl in einer Pfanne mit hohem Rand erhitzen. Schnitzel darin jeweils von beiden Seiten etwa 3 Minuten anbraten.
4. Tomate waschen, Strunk entfernen und in Scheiben schneiden.
5. Schnitzel salzen, dann in eine Auflaufform legen.
6. Jedes Schnitzel mit einer Scheibe Schinken, Tomatenscheiben und einer Scheibe Käse belegen.
7. Im Backofen 5 - 10 Minuten überbacken, bis der Käse geschmolzen ist.
8. In der Zwischenzeit die Soße zubereiten. Dafür die Gemüsebrühe in die Pfanne gießen. Aufkochen lassen.
9. Soße mit Tomatenmark, Sahne und Weißwein abschmecken.
10. Schnitzel mit der Soße servieren.

BAUERNTOPF

Vorbereitungszeit: **15 min**
Garzeit: **20 min**

Zutaten:
Für 4 Portionen

- 500 g gemischtes Hackfleisch
- 2 Zwiebeln
- 2 rote Paprikaschoten
- 2 gelbe Paprikaschoten
- 500 ml passierte Tomaten
- 100 ml Sahne
- Salz
- Pfeffer
- Italienische Kräuter

1. Zwiebeln schälen und fein würfeln.
2. Öl erhitzen. Zwiebeln darin glasig dünsten.
3. Hackfleisch zugeben und anbraten.
4. Paprikaschoten putzen, waschen, in kleine Würfel schneiden und unter das Hackfleisch rühren. 3 Minuten mitbraten.
5. Passierte Tomaten einrühren. Aufkochen, dann bei reduzierter Hitze 5 Minuten köcheln lassen.
6. Mit Salz, Pfeffer und italienischen Kräutern abschmecken.
7. Sahne einrühren und vor dem Servieren nochmals abschmecken.
8. Dazu schmecken Nudeln, Reis oder Baguette.

FLUFFIGE SCHNITTLAUCH-SCHINKEN-PFANNKUCHEN

Vorbereitungszeit: **20 min**
Garzeit: **15 min**

Zutaten:
Für 2 Portionen

- ½ Bund Schnittlauch
- 100 g gekochten Schinken
- 2 Eier
- 4 EL Mehl
- ½ TL Salz
- 50 ml Sprudelwasser
- 2 EL Butter

1. Schnittlauch waschen, trocken schütteln und in feine Ringe schneiden. Schinken würfeln.
2. Eier trennen. Eiweiß steif schlagen.
3. Eigelb und Salz mit dem Mixgerät schaumig rühren. Sprudelwasser und Mehl löffelweise einrühren.
4. Eiweiß vorsichtig unterheben.
5. Dann die Schnittlauchringe und die Schinkenwürfel vorsichtig unterziehen.
6. 1 EL Butter in einer Pfanne erhitzen. Die Hälfte des Teiges in die Pfanne geben. Den Pfannkuchen von beiden Seiten goldgelb backen.
7. Aus der restlichen Butter und dem restlichen Teig einen zweiten Pfannkuchen backen.

GEFÜLLTE PAPRIKA IN JOGHURTSOSSE

Vorbereitungszeit: **20 min**
Garzeit: **55 min**

Zutaten:
Für 2 Portionen

- 125 g gegarten Reis
- 1 Zwiebel
- 1 Knoblauchzehe
- 1 EL Öl
- 2 Paprikaschoten
- 250 g Rinderhack
- 1 Bund Petersilie
- 1 Packung passierte Tomaten
- 1 Becher Naturjoghurt oder türkischer Joghurt
- Salz
- Pfeffer
- Kurkuma
- Kreuzkümmel
- Paprikapulver

1. Backofen auf 180 ° Umluft vorheizen.
2. Paprikaschoten halbieren, putzen, waschen.
3. Zwiebel und Knoblauch schälen. Im heißen Öl glasig dünsten.
4. Hackfleisch zugeben und krümelig braten.
5. Petersilie waschen, trocken schütteln und fein hacken.
6. Reis, Gewürze und Petersilie ins Hackfleisch mischen und kurz mitbraten.
7. Paprikahälften jeweils mit der Hack-Reis-Masse füllen und nebeneinander in eine Auflaufform legen.
8. Im heißen Backofen etwa 45 Minuten garen.
9. In der Zwischenzeit den Joghurt mit den Gewürzen mischen und schaumig schlagen.
10. Mit Paprika bestreuen und zu den gefüllten Paprika servieren.

HERZHAFTER GEMÜSEKUCHEN

Vorbereitungszeit: **20 min**
Garzeit: **50 min**

Zutaten:
Für 12 Stücke

- 1 Zwiebel
- 1 Zucchini
- 1 Möhre
- 1 rote Paprikaschote
- 100 g gekochten Schinken
- 3 Eier
- 150 g geriebenen Käse
- 2 TL Gemüsebrühen-Pulver
- 180 g Mehl
- 1 Päckchen Backpulver
- Salz
- Pfeffer
- Butter für die Form

1. Backofen auf 180 °C vorheizen. Eine Springform mit Backpapier auslegen. Backpapier und Rand mit Butter dünn bestreichen.
2. Zwiebel schälen und fein würfeln. Schinken auch in Würfel schneiden.
3. Zucchini, Möhre und Paprikaschote putzen, waschen und ebenfalls würfeln.
4. Gemüse, Schinken, Eier, Käse, Salz, Pfeffer und Gemüsebrühen-Pulver gut miteinander vermischen.
5. Mehl und Backpulver darüber sieben, unter den Teig arbeiten.
6. Masse in die Backform geben und glattstreichen.
7. Im heißen Backofen etwa 50 Minuten goldgelb backen.

PUTEN-GEMÜSE-PFANNE

Vorbereitungszeit: **20 min**
Garzeit: **15 min**
Ruhezeit: **30 min**

Zutaten:
Für 2 Portionen

- 250 g Putenbrust
- 3 EL Sojasoße
- ½ rote Paprikaschote
- ½ gelbe Paprikaschote
- 1 kleine Zucchini
- 2 Karotten
- 1 Zwiebel
- 1 Knoblauchzehe
- 2 EL Öl
- 200 ml Gemüsebrühe
- Salz
- Pfeffer
- Chilipulver
- 2 EL Sour Cream

---

1. Putenfleisch waschen, trocken tupfen, von Sehnen oder Fett befreien und in Streifen schneiden.
2. Fleischstreifen und Sojasoße in einen Gefrierbeutel geben und so gut durchmischen. Im Kühlschrank 30 Minuten ziehen lassen.
3. In der Zwischenzeit das Gemüse schälen, putzen, waschen und klein schneiden oder hobeln.
4. Öl erhitzen. Fleisch darin anbraten.
5. Zwiebeln und Knoblauch zufügen, 3 Minuten mitdünsten.
6. Restliches Gemüse untermischen, 3 Minuten dünsten.
7. Mit Gemüsebrühe aufgießen. Gewürze zufügen. Alles 5 - 8 Minuten schmoren.
8. Puten-Gemüsepfanne mit Sour Cream servieren.

HACKFLEISCHKUCHEN

Vorbereitungszeit: **15 min**
Garzeit: **25 - 30 min**

Zutaten:
Für 4 Portionen

- 2 Scheiben Toastbrot
- ¼ Chinakohl
- 500 g gemischtes Hackfleisch
- 2 Eier
- 1 gelbe Paprikaschote
- 1 rote Paprikaschote
- 10 Cocktailtomaten
- 100 g geriebener Käse
- Salz
- Pfeffer
- Paprikapulver
- Oregano
- 4 EL Schmand

1. Backofen auf 200 ° vorheizen. Eine runde Springform (26 cm Durchmesser) mit Backpapier auskleiden.
2. Toastbrotscheiben in Wasser einweichen.
3. Chinakohl fein schneiden, waschen.
4. Hackfleisch, ausgedrücktes Toastbrot, Eier, Chinakohl in einer Schüssel gut vermischen und würzen.
5. Masse in die Springform geben und gleichmäßig verteilen. Etwas festdrücken.
6. Paprikaschoten putzen, waschen, fein würfeln. Hackfleisch damit bestreuen.
7. Tomaten halbieren und ebenfalls auf dem Hackfleisch verteilen.
8. Mit Käse bestreuen und im heißen Backofen etwa 25 - 30 Minuten backen.
9. Mit dem Schmand servieren.

HÄHNCHENGESCHNETZELTES

Vorbereitungszeit: **15 min**
Garzeit: **20 min**

Zutaten:
Für 4 Portionen

- 2 Dosen Champignons
- 600 g Hähnchenbrustfilets
- 2 EL Öl
- 2 Zwiebeln
- 400 g saure Sahne
- 200 ml Milch
- 200 ml Gemüsebrühe
- 1 TL Senf
- 1 TL Honig
- Salz
- Pfeffer
- Currypulver
- Paprikapulver

1. Champignons abgießen. Größere Pilze evtl. zerkleinern.
2. Hähnchenfleisch waschen, trocken tupfen, in dünne Streifen schneiden.
3. Öl erhitzen. Fleisch darin rundum ungefähr 8 Minuten anbraten. Fleisch aus der Pfanne nehmen und warmhalten.
4. Zwiebeln schälen und fein würfeln. Zwiebeln in der Pfanne andünsten. Pilze zufügen und 5 Minuten andünsten.
5. Hähnchenstreifen unter die Pilze mischen.
6. Saure Sahne, Milch und Gemüsebrühe einrühren und langsam erhitzen. Nicht mehr kochen lassen!
7. Geschnetzeltes mit Senf, Honig und den Gewürzen abschmecken.

GYROS-SALAT

Vorbereitungszeit: **30 min**
Garzeit: **10 min**

Zutaten:
Für 2 Portionen
- 200 g Gyrosfleisch, bereits gewürzt
- 2 Tomaten
- ½ Salatgurke
- 100 g Weißkohl
- 100 g Rotkohl
- 100 g Fetakäse fettarm
- 200 g Zaziki
- Salz
- Pfeffer
- Chilipulver
- Öl für die Pfanne

1. Fleisch im heißen Öl knusprig braten und erkalten lassen.
2. Tomaten, Salatgurke, Weiß- und Rotkohl waschen und putzen.
3. Tomaten, Gurke und Fetakäse würfeln. Weiß- und Rotkohl fein hobeln.
4. Fleisch, Gemüse und Zaziki in einer Schüssel gut vermengen.
5. Salat mit Salz, Pfeffer und Chilipulver abschmecken.

HAWAII-SCHWEINERÖLLCHEN AUS DEM OFEN

Vorbereitungszeit: **15 min**
Garzeit: **15 min**

Zutaten:
Für 2 Portionen

- 4 Schweineschnitzel à 75 g
- 2 Ananasringe aus der Dose
- 2 Scheiben gekochten Schinken
- 100 g geriebener Emmentaler
- 1 EL Öl
- 100 ml Fleischbrühe
- 2 EL Ananassaft
- Salz
- Pfeffer
- 1 EL Mehl

---

1. Backofen auf 200° vorheizen.
2. Schnitzel waschen, tropfen tupfen, flachklopfen, mit Salz und Pfeffer würzen.
3. Jedes Schnitzel mit einem halben Ananasring und einer halben Scheibe Schinken belegen. Jedes mit 1 TL Käse bestreuen.
4. Schnitzel aufrollen und mit Holzspießen fixieren.
5. Öl in einer Pfanne erhitzen. Schnitzelröllchen rundum etwa 5 Minuten darin anbraten.
6. Röllchen dann auf ein Blech setzen und den restlichen Käse darüber verteilen.
7. Etwa 10 Minuten im heißen Ofen überbacken.
8. In der Zwischenzeit Fleischbrühe und Ananassaft in die Bratpfanne geben. 5 Minuten aufkochen lassen, damit sich der Bratensatz löst.
9. Soße mit Mehl binden und vor dem Servieren abschmecken.

KARTOFFELSUPPE MIT WURSTEINLAGE

Vorbereitungszeit: **20 min**
Garzeit: **30 min**

Zutaten:
Für 2 Portionen

- 1 Zwiebel
- 125 g Suppengrün
- 500 g Kartoffeln
- ½ EL Butter
- 1 Lorbeerblatt
- Salz
- Pfeffer
- 700 ml Gemüsebrühe
- 250 g Fleischwurst oder durchwachsene Speckwürfel
- 2 TL Schmand

---

1. Zwiebel schälen, fein hacken. Suppengrün putzen, in Würfel schneiden.
2. Kartoffeln schälen, waschen, würfeln.
3. Butter erhitzen. Zwiebel darin glasig dünsten. Suppengrün zugeben, etwa 5 Minuten mitdünsten.
4. Mit Salz und Pfeffer würzen. Lorbeerblatt und Gemüsebrühe zufügen.
5. Kartoffelwürfel in die Brühe geben. Zum Kochen bringen. In etwa 15 - 20 Minuten die Kartoffeln weich garen.
6. In der Zwischenzeit die Fleischwurst würfeln oder die Speckwürfel ohne Fettzugabe in einer beschichteten Pfanne knusprig auslassen.
7. Lorbeerblatt aus der Suppe entfernen.
8. Suppe nach gewünschter Konsistenz pürieren, dann mit dem Schmand binden. Nicht mehr aufkochen lassen!
9. Suppe nochmals abschmecken.
10. Mit den Wurst- oder Speckwürfeln servieren.

CHILI CON PUTE

Vorbereitungszeit: **15 min**
Garzeit: **25 min**
Ruhezeit: **30 min**

Zutaten:
Für 4 Portionen

- 600 g Putenbrustfilet
- 1 TL Salz
- 1 TL Pfeffer
- 1 EL Paprikapulver
- 2 EL Öl
- 5 EL Tomatenmark
- 200 ml trockener Rotwein
- 500 ml Fleischbrühe
- 1 EL Honig
- 1 EL Worcestershire-Sauce
- 1 Dose Kidneybohnen
- 1 Dose Maiskörner
- ½ EL Pfeffer
- ½ EL Chiliflocken
- ½ EL Basilikum
- 1 TL Kreuzkümmel
- 1 TL Oregano

---

1. Putenfleisch waschen, trocken tupfen, in etwa 2 cm große Würfel schneiden und mit dem Öl, Salz, Pfeffer und Paprikapulver in einer Schüssel gut durchmischen. Zugedeckt etwa 30 Minuten im Kühlschrank marinieren.
2. Eine hohe Pfanne erhitzen. Putenwürfel darin kräftig anbraten. Tomatenmark zufügen, kurz mitbraten.
3. Mit dem Rotwein ablöschen.
4. Fleischbrühe, Honig und Worcestershire-Sauce einrühren. Unter Rühren zum Kochen bringen.
5. Zugedeckt bei geringer Temperatur 5 Minuten köcheln.
6. Kidneybohnen und Mais in einem Sieb abtropfen lassen.
7. Pfeffer, Chiliflocken, Basilikum, Kreuzkümmel und Oregano zum Fleisch geben. Unter Rühren 5 Minuten weiter köcheln lassen.
8. Kidneybohnen und Maiskörner untermischen und etwa 10 Minuten ziehen lassen. Dabei nicht mehr kochen lassen.

SPAGHETTI IN SCHINKEN-KÄSE-SAHNE-SOSSE

Vorbereitungszeit: **10 min**
Garzeit: **20 min**

Zutaten:
Für 4 Portionen

- 400 g Spaghetti
- 4 Scheiben gekochter Schinken
- 200 ml Sahne
- 200 ml Milch
- 200 g Schmelzkäse
- 100 g geriebener Emmentaler
- Salz
- Pfeffer
- Muskat
- 4 TL geriebener Parmesan

---

1. Salzwasser zum Kochen bringen und Spaghetti bissfest kochen.
2. In der Zwischenzeit Schinken in feine Streifen schneiden.
3. Sahne und Milch in einem Topf langsam erhitzen. Schmelzkäse und Emmentaler zufügen und unter Rühren schmelzen.
4. Soße würzen.
5. Schinkenstreifen zur Soße geben. Diese erhitzen, aber nicht kochen lassen.
6. Nudeln abgießen. Mit der heißen Soße und geriebenem Parmesankäse servieren.

PIZZABRÖTCHEN

Vorbereitungszeit: **15 min**
Garzeit: **10 - 15 min**

Zutaten:
Für 3 Portionen

- 200 g Champignons
- ½ rote Paprikaschote
- ½ gelbe Paprikaschote
- ½ grüne Paprikaschote
- 75 g Salami
- 125 g gekochten Schinken
- 100 ml Sahne
- 100 ml Tomatensoße
- Salz
- Pfeffer
- Pizzagewürz
- 3 Semmeln
- 150 g geriebenen Käse

1. Backofen auf 200°C vorheizen. Ein Backblech mit Backpapier auslegen.
2. Champignons und Paprikaschoten putzen, waschen und fein würfeln. Salami und Schinken ebenfalls in kleine Würfel schneiden.
3. Sahne aufschlagen. Pilze, Paprikaschoten, Salami, Schinken und Tomatensoße einrühren. Mit den Gewürzen abschmecken.
4. Semmeln quer durchschneiden. Pizzamischung auf die Brötchenhälften geben.
5. Mit Käse bestreuen und im heißen Ofen 10 -15 Minuten überbacken.

BRATWURSTSALAT

Vorbereitungszeit: **15 min**
Garzeit: **6 - 8 min**
Ruhezeit: **30 min**

Zutaten:
Für 2 Personen

- 12 Nürnberger Bratwürste
- 1 Zwiebel
- ½ Bund Radieschen
- ½ Bund Schnittlauch
- 1,5 EL Öl
- 1,5 EL Essig
- Salz
- Pfeffer
- 1 Prise Zucker

1. Bratwürste in etwas Öl anbraten, abkühlen lassen.
2. Radieschen, Zwiebel und Schnittlauch putzen und waschen. Radieschen in dünne Scheiben, Zwiebel und Schnittlauch in feine Ringe schneiden.
3. Aus Öl, Essig, Salz, Pfeffer und Zucker eine Marinade herstellen.
4. Die Bratwürste in etwa 0,5 cm breite Scheiben schneiden.
5. Bratwürste, Radieschen, Schnittlauch, Zwiebelringe mit der Marinade gut vermengen.
6. Vor dem Verzehren etwa 30 Minuten ziehen lassen.

PUTE „CORDON BLEU" TRIFFT „CAPRESE"

Vorbereitungszeit: **15 min**
Garzeit: **10 - 15 min**

Zutaten:

Für 2 Portionen

- 2 dünne Putenschnitzel à 100 g
- ½ Tomate
- ½ Kugel Mozzarella-Käse
- 4 Basilikumblätter
- 2 EL Tomatenketchup
- Salz
- Pfeffer
- 2 EL Öl

1. Fleisch waschen, trocken tupfen, auf beiden Seiten salzen und pfeffern.
2. Tomate putzen, waschen, in Scheiben schneiden.
3. Mozzarella abgießen und ebenfalls in Scheiben schneiden.
4. Basilikumblätter waschen.
5. Putenschnitzel dünn mit Tomatenketchup bestreichen.
6. Je eine Tomaten- und Mozzarellascheibe sowie 2 Basilikumblätter auf eine Schnitzelhälfte legen.
7. Schnitzel zuklappen und mit Holzspießen feststecken.
8. Öl in einer Pfanne erhitzen. Schnitzel darin von beiden Seiten etwa 10 -15 Minuten anbraten.

KARTOFFEL-GEMÜSE-AUFLAUF

Vorbereitungszeit: **15 min**
Garzeit: **30 min**

Zutaten:
Für 4 Portionen

- 800 g Kartoffeln
- 3 EL Öl
- 600 g Gemüse, z.B. Blumenkohl, Lauch, Paprika, Kohlrabi
- 1 Zwiebel
- 1 Knoblauchzehe
- 100 g gekochten Schinken
- 200 ml Gemüsebrühe
- Salz
- Pfeffer
- 100 g Käse
- Paprikapulver

1. Backofen auf 200 ° vorheizen. Ein Backblech mit Backpapier auslegen.
2. Kartoffeln schälen, in etwa 1 cm große Würfel schneiden. Kartoffelwürfel mit 2 EL Öl in einer Schüssel gut durchmischen.
3. Kartoffelwürfel auf dem Backblech ausbreiten. Im heißen Backofen in etwa 20 Minuten knusprig backen.
4. Gemüse putzen, waschen und klein würfeln.
5. Zwiebel und Knoblauchzehe schälen, fein hacken, im heißen Öl glasig dünsten.
6. Gemüse zugeben, andünsten. Schinken würfeln und ebenfalls mitbraten.
7. Gemüsebrühe und Gewürze zufügen.
8. Kartoffelwürfel und fein gewürfelten Käse unter das Gemüse mischen.
9. Wenn der Käse geschmolzen ist, mit Paprikapulver bestreuen und servieren.

PUTENGYROS MIT TSATSIKI

Vorbereitungszeit: **15 min**
Garzeit: **10 - 15 min**
Ruhezeit: **15 min**

Zutaten:
Für 4 Portionen

- 300 g Putenschnitzel
- 2 EL Öl
- 1 EL Gyrosgewürz
- 1 Zwiebel
- ½ Salatgurke
- 1 Knoblauchzehe
- 100 g Naturjoghurt
- 125 g Magerquark
- Salz
- Pfeffer

---

1. Putenfleisch waschen, trocken tupfen, von Fett und Sehnen befreien und in Streifen schneiden.
2. Öl und Gyrosgewürz verrühren. Mit den Fleischstreifen in einer Schüssel gut vermischen.
3. Mit Alufolie verschlossen etwa 15 Minuten marinieren.
4. Zwiebeln schälen, in Ringe schneiden.
5. In der Zwischenzeit den Tsatsiki herstellen.
6. Gurke waschen, schälen, fein raspeln, in einem Sieb abtropfen lassen.
7. Knoblauchzehe schälen und fein hacken.
8. Joghurt, Quark und Knoblauch glattrühren. Gurkenraspel unterziehen. Mit Salz und Pfeffer abschmecken.
9. Eine Pfanne erhitzen. Fleisch darin rundum anbraten. Zwiebelringe zufügen und kurz mit garen.
10. Gyros mit Tsatsiki servieren. Dazu schmeckt Fladenbrot.

QUARKAUFLAUF

Vorbereitungszeit: **10 min**
Garzeit: **15 min**
Ruhezeit: **10 min**

Zutaten:
Für 2 Portionen

- 500 g Magerquark
- 50 g kernige Haferflocken
- 300 g frisches Obst nach Wahl
- 3 Eier
- 1 - 2 EL Honig
- 1 Prise Salz

---

1. Backofen auf 180 ° Umluft vorheizen. Eine Auflaufform leicht einfetten.
2. Haferflocken in den Quark einrühren und 10 Minuten quellen lassen.
3. Obst putzen, waschen, in Würfel schneiden.
4. Ei trennen. Eiklar mit dem Salz steif schlagen.
5. Quark und Eigelb verrühren. Obst unterziehen.
6. Quarkmasse mit dem Honig nach Geschmack süßen.
7. Zuletzt den Eischnee unterheben.
8. Masse in die Auflaufform geben, glattstreichen.
9. Auflauf im heißen Backofen etwa 15 Minuten goldgelb backen.
10. Noch warm servieren.

BLITZSCHNELLE REISPFANNE

Vorbereitungszeit: **15 min**
Garzeit: **25 min**

Zutaten:
Für 4 Portionen

- 1 Kochbeutel Reis
- ½ Dose Mais
- 1 Zwiebel
- 1 Knoblauchzehe
- 1 Zucchini
- 1 rote Paprikaschote
- 1 gelbe Paprikaschote
- 1 EL Öl
- 500 g gemischtes Hackfleisch
- 250 ml Gemüsebrühe
- Salz
- Pfeffer
- Paprikapulver edelsüß
- Chilipulver

---

1. Reis etwa 10 Minuten in Salzwasser kochen. Er darf noch nicht weich sein.
2. Mais abgießen.
3. Zwiebel und Knoblauch schälen, fein würfeln und im heißen Öl glasig dünsten.
4. Hackfleisch zufügen und krümelig braten. Anschließend würzen.
5. Zucchini schälen, würfeln. Paprikaschoten putzen, waschen, würfeln.
6. Paprikaschoten und Reis einrühren.
7. Mit Gemüsebrühe aufgießen. Zugedeckt etwa 10 Minuten den Reis fertig quellen lassen.
8. Nach etwa 5 Minuten Zucchini zugeben. Alles gut umrühren.
9. Vor dem Servieren nochmals abschmecken.

KARAMELLISIERTER SALZBRATEN

Vorbereitungszeit: **10 min**
Garzeit: **5 min**
Ruhezeit: **10 min**

Zutaten:
Für 4 Portionen

- 1 kg Schweinenacken/Schweinekamm ohne Knochen
- 2 - 3 Packungen Salz (á ca. 500 g)
- 2 Knoblauchzehen
- 1 EL Senf
- 3 EL Honig

---

1. Backofen auf 200 °C vorheizen.
2. Eine Auflaufform mit Salz füllen oder ein tiefes Backblech mit Alufolie auslegen und dieses mit Salz füllen.
3. Fleisch waschen und trocken tupfen.
4. Knoblauchzehen schälen und pressen. Braten damit rundum einreiben.
5. Fleischstück ins Salzbett legen. Der Braten wird während des Garens nicht gedreht.
6. Auflaufform/Blech für etwa 2 Stunden in den heißen Backofen schieben. Die Garzeit hängt etwas von der Dicke des Fleischstückes ab.
7. Senf, Honig, Salz und Pfeffer miteinander verrühren.
8. Etwa 30 Minuten vor Ende der Garzeit den Braten damit einstreichen. Dies etwa alle 10 Minuten wiederholen, damit der Braten eine schöne Kruste erhält.
9. Fleisch aus dem Ofen nehmen, mit Alufolie abgedeckt etwa 10 Minuten ruhen lassen.

<u>TIPP:</u> *Der Braten schmeckt auch kalt sehr lecker. Zum Beispiel dünn geschnitten auf Brot mit etwas Senf oder Meerrettich!*

SCHINKEN-LAUCH-SALAT

Vorbereitungszeit: **15 min**
Ruhezeit: **60 min**

Zutaten:
Für 2 Portionen

- 150 g Lauch
- 150 g gekochten Schinken
- 1 Ei
- 1 TL Senf
- 1 Prise Zucker
- 1 TL Zitronensaft
- 100 ml Öl
- Salz
- Pfeffer

---

1. Lauch putzen, waschen und fein hacken. Schinken ebenfalls fein würfeln.
2. Ei verquirlen. Senf, Zucker, Zitronensaft unterrühren.
3. Unter Rühren das Öl einlaufen lassen.
4. Schinken, Lauch und Majonäse vermischen. Mindestens 60 Minuten ziehen lassen.

WARMER KARTOFFELSALAT MIT PUTENSTREIFEN

Vorbereitungszeit: **20 min**
Garzeit: **25 - 30 min**

Zutaten:
Für 2 Portionen

- 400 g kleine Kartoffeln
- 150 g Putenbrustfilets
- 1 Bund Frühlingszwiebeln
- 150 g Brokkoli
- 150 ml fettarme Majonäse
- Salz
- Pfeffer

---

1. Backofen auf 200 ° Heißluft vorheizen.
2. Kartoffeln waschen und in mundgerechte Würfel schneiden.
3. Putenfleisch waschen, trocken tupfen, in Streifen schneiden.
4. Die gewaschenen Frühlingszwiebeln putzen, dann in Ringe schneiden.
5. Brokkoli putzen, in Röschen schneiden und waschen.
6. Kartoffelwürfel, Putenfleisch und Brokkoli mit 3 EL Majonäse verrühren. Danach in eine Auflaufform oder auf einem vorbereiteten Backblech verteilen.
7. Ungefähr 25 - 30 Minuten im heißen Backofen garen.
8. Kartoffelsalat in eine Schüssel umfüllen.
9. Restliche Majonäse und Frühlingszwiebeln untermischen und servieren.

PUTENBRUSTSTEIFEN MIT WOKGEMÜSE

Vorbereitungszeit: **25 min**
Garzeit: **25 min**

Zutaten:
Für 4 Portionen

- 1 kg Putenbrustfilet
- 500 g Weißkraut
- 2 Stangen Lauch
- 5 Möhren
- 5 EL Chilisoße süßsauer
- 2 EL Sojasoße
- 2 Prisen Ingwerpulver
- 2 Prisen Zucker
- 10 eingelegte Knoblauchzehen

1. Putenfleisch waschen, trocken tupfen, von Sehnen und Fett befreien und in Streifen schneiden.
2. Weißkraut, Lauch und Möhren putzen und fein hobeln.
3. Wok erhitzen. Gemüse darin unter Rühren etwa 10 Minuten garen.
4. Sojasoße, Ingwerpulver und Chilisoße und Zucker unterrühren.
5. Gemüse im Wok zur Seite schieben.
6. Etwas Öl der Knoblauchzehen im Wok erhitzen. Putenfleischstreifen darin 10 Minuten anbraten.
7. Knoblauchzehen fein hacken und unter das Fleisch rühren. Alles nochmals 5 Minuten gut durchbraten.
8. Gemüse mit den Putenstreifen servieren.

WURSTGULASCH

Vorbereitungszeit: **15 min**
Garzeit: **30 min**

Zutaten:
Für 2 Portionen

- 1 kleine Dose Champignons
- 1 rote Paprikaschote
- 1 gelbe Paprikaschote
- 1 Zwiebel
- 1 Knoblauchzehe
- 2 Paar Wiener
- 1 EL Öl
- 200 ml Gemüsebrühe
- 200 ml Tomatensoße
- 1 EL Sahne
- 1 EL Tomatenmark
- 1 TL Tabasco
- ½ EL Mehl
- Salz
- Pfeffer
- Paprikapulver edelsüß
- Kräuter nach Wunsch

---

1. Pilze abgießen.
2. Paprikaschoten putzen, fein würfeln. Zwiebel und Knoblauch schälen, fein hacken.
3. Wiener in dünne Scheiben schneiden.
4. Öl in einer hohen Pfanne erhitzen. Zwiebeln und Knoblauch darin andünsten.
5. Würstchen zugeben und unter Rühren anbraten.
6. Pilze und Paprika zugeben, kurz mitbraten.
7. Gemüsebrühe und Tomatensoße zugießen.
8. Tomatenmark, Tabasco, Sahne und Mehl einrühren. Würzen.
9. Zugedeckt bei mittlerer Hitze etwa 20 Minuten ziehen lassen. Zwischendurch umrühren.
10. Vor dem Servieren abschmecken.

FISCH & MEERESFRÜCHTE

FISCHPFANNE MEDITERRAN

Vorbereitungszeit: **15 min**
Garzeit: **25 min**

Zutaten:
Für 2 Portionen

- 1 Zwiebel
- 1 Knoblauchzehe
- 2 Kartoffeln
- 1 EL Olivenöl
- 1 rote Paprikaschote
- 1 gelbe Paprikaschote
- 2 Tomaten
- 2 Fischfilets à 125 g
- 200 ml Gemüsebrühe
- Salz
- Pfeffer
- Italienische Kräuter, z.B. Thymian, Oregano, Rosmarin
- ½ Becher Sahne

1. Zwiebel, Knoblauch und Kartoffeln schälen und würfeln.
2. Paprikaschoten und Tomaten putzen, waschen, ebenfalls in Würfel schneiden.
3. Fischfilets waschen, trocken tupfen, in mundgerechte Würfel schneiden.
4. Öl erhitzen.
5. Fischwürfel von allen Seiten anbraten. Dann aus der Pfanne nehmen.
6. Zwiebeln glasig dünsten.
7. Kartoffelwürfel zugeben, etwa 5 Minuten mit garen.
8. Mit der Gemüsebrühe ablöschen. Paprikawürfel zugeben.
9. Mit Salz, Pfeffer und italienischen Kräutern würzen. Alles etwa 10 Minuten köcheln lassen.
10. Fisch zufügen und einige Minuten nochmals ziehen lassen.
11. Sahne einrühren. Nicht mehr kochen lassen.
12. Fischpfanne vor dem Servieren nochmals abschmecken.

SCHNELLER FISCHAUFLAUF

Vorbereitungszeit: **15 min**
Garzeit: **35 - 40 min**

Zutaten:
Für 2 Portionen

- Butter für die Form
- 500 g Fischfilets, z.B. Seelachs
- 1 Zwiebel
- 2 EL Tomatenmark
- 2 EL Zitronensaft
- 1/8 l Sahne
- Salz
- Pfeffer
- viel Paprikapulver rosenscharf
- ½ Bund frische Petersilie
- Kräuter nach Wunsch, z.B. Rosmarin, Oregano, Basilikum, Estragon
- 100 g geriebenen Käse

1. Backofen auf 180° vorheizen. Eine Auflaufform mit Butter ausfetten.
2. Fischfilet waschen, trocken tupfen und nebeneinander in die Auflaufform legen. Sehr dicke Fischfilets quer durchschneiden.
3. Zwiebel schälen und fein hacken.
4. Petersilie waschen, trocken schütteln und fein hacken.
5. Alle restlichen Zutaten bis auf den Käse in einer Schüssel gut miteinander verrühren, abschmecken.
6. Soße über den Fisch gießen.
7. Mit Käse bestreuen und 35 - 40 Minuten im heißen Ofen backen.

BANDNUDELN IN LACHS-SAHNE-SOSSE

Vorbereitungszeit: **10 min**
Garzeit: **20 min**

Zutaten:
Für 2 Portionen

- 200 Bandnudeln
- 1 Zwiebel
- 1 EL Butter
- 1 Stange Lauch
- 1 TL Mehl
- 150 ml Milch
- 150 g Räucherlachs
- 50 g geriebenen Parmesan
- Salz
- Pfeffer
- Muskat

---

1. Nudeln nach Anweisung garen.
2. Zwiebel schälen und fein würfeln. Lauch putzen, waschen, in feine Ringe schneiden.
3. Zwiebelwürfel in der heißen Butter glasig dünsten. Dann den Lauch zufügen, mit dem Mehl bestäuben, umrühren, etwas bräunen. Kurz mit braten.
4. Milch zugießen. Bei geringer Hitze etwa 10 Minuten leicht köcheln lassen.
5. Räucherlachs in Streifen schneiden.
6. Parmesan in die Soße einrühren, so dass dieser schmilzt und die Konsistenz sämiger wird.
7. Soße würzen.
8. Räucherlachsstreifen in die Soße geben.
9. Nudeln abgießen, mit der Lachssoße servieren.

FISCH IN FOLIE GEDÜNSTET

Vorbereitungszeit: **15 min**
Garzeit: **20 - 25 min**

Zutaten:
Für 2 Portionen

- 1 Tomate
- 1 Zwiebel
- ½ Bund frischer Basilikum
- 2 Fischfilets à 200 g (z.B. Kabeljau oder Seelachs), frisch oder aufgetaut
- Salz
- Pfeffer
- Zitronensaft

---

1. Backofen auf 200 °C vorheizen.
2. Zwiebel schälen. Tomate waschen, Strunk entfernen. Beides in Scheiben schneiden.
3. Basilikum waschen, trocken schütteln und fein hacken.
4. Zwei Stücke Alufolie mit der glänzenden Seite nach oben auf die Arbeitsfläche legen.
5. Auf jedes Folienstück Zwiebelscheiben in der Filetgröße nebeneinander anordnen.
6. Fischfilets waschen, trocken tupfen, von beiden Seiten würzen und mit Zitronensaft beträufeln.
7. Je ein Fischfilet auf die Zwiebelscheiben legen und mit dem gehackten Basilikum bedecken.
8. Tomatenscheiben darauflegen.
9. Nun die Päckchen festverschließen, damit kein Saft austreten kann.
10. Beide Folienpäckchen in den heißen Ofen legen. 20 - 25 Minuten garen.
11. In der Folie servieren.

VEGETARISCH

KÄSESPÄTZLE MIT SCHMELZZWIEBELN

Vorbereitungszeit: **10 min**
Garzeit: **25 min**

Zutaten:
Für 2 Portionen

- 2 Zwiebeln
- 1 EL Öl
- 100 ml Sahne
- 200 g Schmelzkäse „Paprika"
- 500 g Spätzle aus dem Kühlregal
- Pfeffer
- 2 EL frisch geschnittener Schnittlauch

1. Zwiebel schälen, halbieren und in feine Ringe schneiden.
2. Öl erhitzen. Zwiebeln darin braun rösten. Etwas Wasser einrühren. Wasser komplett einkochen lassen. Diesen Vorgang wiederholen. Dann Zwiebeln mit Salz und Pfeffer würzen und warmhalten.
3. Sahne und Schmelzkäse unter Rühren in einer Pfanne erhitzen, damit sich der Käse auflöst.
4. Spätzle in die Soße geben und erhitzen.
5. Soße mit Pfeffer abschmecken.
6. Käsespätzle mit Schmelzzwiebeln und Schnittlauchröllchen servieren.

KOHLRABI-KAROTTEN-EINTOPF

Vorbereitungszeit: **15 min**
Garzeit: **20 min**

Zutaten:
Für 2 Portionen

- 2 Kohlrabi
- 4 Karotten
- 1 Zwiebel
- 1 Knoblauchzehe
- 1 EL Olivenöl
- 500 ml Gemüsebrühe
- Salz
- Pfeffer
- Muskatnuss
- 1 TL Basilikum-Pesto
- 2 EL frisch gehackte Petersilie

---

1. Kohlrabi, Karotten, Zwiebel und Knoblauchzehe schälen.
2. Zwiebel und Knoblauch fein hacken und im heißen Öl glasig dünsten.
3. Kohlrabi und Karotten in mundgerechte Stücke schneiden. Gemüse zufügen, etwa 5 Minuten mitdünsten.
4. Mit der Gemüsebrühe ablöschen. Etwa 5 - 8 Minuten leicht köcheln lassen.
5. Eintopf mit Salz, Pfeffer, Muskatnuss und Pesto abschmecken.
6. Mit Petersilie bestreuen und servieren.

VEGETARISCHES LINSEN-CHILI

Vorbereitungszeit: **15 min**
Garzeit: **30 min**

Zutaten:
Für 2 Portionen

- 1 Zwiebel
- 1 Knoblauchzehe
- 1 EL Butter
- 1 Kartoffel
- 125 g rote Linsen
- 500 ml Gemüsebrühe
- ½ Dose Mais
- ½ Dose Kidneybohnen
- 400 ml passierte Tomaten
- Salz
- Pfeffer
- Chilipulver
- Paprikapulver

---

1. Zwiebel und Knoblauchzehe schälen, fein hacken.
2. Butter in einem Topf erhitzen. Zwiebeln und Knoblauch darin glasig dünsten.
3. Kartoffel schälen und fein würfeln. Zu den Zwiebeln geben.
4. Linsen mit Wasser gut durchspülen.
5. Mit der Gemüsebrühe in den Topf geben. Etwa 20 Minute garen. Die Linsen sollen weich sein.
6. Mais und Kidneybohnen in einem Sieb abtropfen lassen.
7. Beides in den Topf geben. Passierte Tomaten ebenfalls zufügen. Gut verrühren und nochmals erhitzen.
8. Mit den Gewürzen vor dem Servieren abschmecken.

FENCHEL-MÖHREN-CURRY

Vorbereitungszeit: **10 min**
Garzeit: **5 min**
Ruhezeit: **35 min**

Zutaten:
Für 4 Portionen

- 2 Fenchelknollen
- 4 Möhren
- 4 EL Öl
- 1 cm frischen Ingwer
- 400 ml Gemüsebrühe
- 200 ml Kokosmilch
- Salz
- Pfeffer
- Currypaste

1. Fenchel und Möhren putzen und in feine Streifen schneiden oder hobeln.
2. Öl in einer Pfanne mit hohem Rand erhitzen. Gemüse zufügen und darin 5 Minuten unter Rühren braten.
3. Ingwer putzen und fein hacken.
4. Gemüsebrühe und Ingwer zufügen. 10 Minuten bei mittlerer Hitze köcheln.
5. Kokosmilch einrühren und mit Salz, Pfeffer und der Currypaste würzen.
6. Dazu schmeckt Reis.

RÜHREI MEDITERRAN MIT FETA UND OLIVEN

Vorbereitungszeit: **10 min**
Garzeit: **8 - 10 min**

Zutaten:
Für 2 Portionen

- 6 Eier
- 150 g Fetakäse
- 2 Tomaten
- 10 Oliven
- 2 Zwiebeln
- 2 EL Öl
- Salz
- Pfeffer
- Paprikapulver
- 2 EL Schnittlauchröllchen

---

1. Eier verquirlen, mit Salz, Pfeffer und Paprikapulver würzen.
2. Zwiebeln schälen und fein hacken. Tomaten waschen, Strunk entfernen, klein würfeln.
3. Oliven halbieren, in Scheiben schneiden.
4. Öl erhitzen. Zwiebeln glasig dünsten.
5. Tomaten und Oliven zufügen und etwa 2 Minuten mitbraten.
6. Eier nochmals aufschlagen, dann über die Tomaten-Zwiebel-Oliven gießen.
7. Fetakäse zerbröseln und auf dem Ei verteilen.
8. Rührei umrühren und solange braten, bis es die gewünschte Konsistenz hat.
9. Nochmals würzen und mit Schnittlauchröllchen bestreut servieren.

EIERSALAT MIT FRISCHEM GEMÜSE

Vorbereitungszeit: **15 min**
Garzeit: **10 min**

Zutaten:
Für 4 Portionen

- 5 Eier
- ½ Dose Mais
- 1 Knoblauchzehe
- 1 Zwiebel
- 1 Paprikaschote, rot oder gelb
- ½ Salatgurke
- 100 g fettarmen Frischkäse
- 100 g fettarmen Naturjoghurt
- 100 g fettarmen Hüttenkäse
- 50 ml fettarme Milch
- 2 TL Worcestersoße
- ½ TL Salz
- Pfeffer
- Paprikapulver

---

1. Eier hart kochen, abschrecken, Schale entfernen und auskühlen lassen.
2. Maiskörner in einem Sieb abtropfen lassen.
3. Knoblauchzehe und Zwiebel schälen, fein hacken.
4. Paprikaschote und Gurke waschen, putzen und würfeln.
5. Frischkäse, Joghurt, Hüttenkäse und Milch verrühren. Mit Salz, Pfeffer, Paprikapulver und Worcestersoße würzen.
6. Knoblauch, Zwiebeln, Gurken, Paprika und Maiskörner untermischen.
7. Eier würfeln. Vorsichtig unterheben und vor dem Servieren nochmals abschmecken.

KOHLRABI-SCHNITZEL MIT QUARKDIP

Vorbereitungszeit: **20 min**
Garzeit: **20 min**

Zutaten:
Für 4 Portionen

- 500 ml Gemüsebrühe
- 2 Kohlrabi
- 2 EL Mehl
- 2 Eier
- 125 g geriebenen Parmesan
- 125 g gemahlene Mandeln
- Öl für die Pfanne
- 1 Bund Schnittlauch
- 1 Knoblauchzehe
- 500 g Magerquark
- 2 EL Milch
- Salz
- Pfeffer

---

1. Gemüsebrühe zum Kochen bringen.
2. Kohlrabi putzen und in Scheiben mit einer Breite von etwa 0,5 cm schneiden.
3. Kohlrabischeiben in der heißen Gemüsebrühe etwa 8 Minuten garen. Aus der Brühe nehmen und etwas abkühlen lassen.
4. Parmesan und Mandeln in einem Teller mischen. Eier in einem Teller mit etwas Salz und Pfeffer verquirlen.
5. Kohlrabischeiben panieren. Dazu diese erst in Mehl, dann in verquirltem Ei und danach in der Parmesan-Mandel-Mischung wenden. Panade fest andrücken.
6. Öl in einer Pfanne erhitzen.
7. Kohlrabischeiben von beiden Seiten darin goldbraun braten.
8. Schnittlauch waschen, trocken schütteln und in feine Röllchen schneiden.
9. Knoblauchzehe schälen und fein hacken.
10. Quark, Milch, Schnittlauch, Knoblauch, Salz und Pfeffer glattrühren.
11. Kohlrabischnitzel mit Quarkdip servieren.

GRIECHISCHER BAUERNSALAT

Vorbereitungszeit: **20 min**

Zutaten:

Für 2 Portionen

- 1 Zwiebel
- 250 g Tomaten
- ½ Salatgurke
- 1 rote Paprikaschote
- 2 grüne Paprikaschote
- 50 g schwarze Oliven, entkernt
- 100 g Fetakäse
- Oregano
- 50 ml kaltgepresstes Olivenöl
- Saft einer halben Zitrone
- Salz
- Pfeffer
- Knoblauchsalz

---

1. Zwiebel schälen, feine Ringe schneiden.
2. Tomaten, Gurken und Paprikaschoten putzen, waschen und in Würfel oder Streifen schneiden.
3. Fetakäse in Würfel schneiden. Diese mit Oregano bestreuen.
4. Oliven, Gemüse und Käsewürfel in einer Schüssel mischen.
5. Aus Olivenöl, Zitronensaft und den Gewürzen eine Marinade herstellen, über den Salat gießen und gut durchmischen.

RATATOUILLE

Vorbereitungszeit: **15 min**
Garzeit: **30 min**

Zutaten:
Für 2 Portionen

- ½ Aubergine
- 1 Zucchini
- 1 rote Paprikaschote
- 1 gelbe Paprikaschote
- 1 Zwiebel
- 2 Knoblauchzehen
- 2 EL Olivenöl
- 2 EL Tomatenmark
- 1 Dose stückige Tomaten
- 1 EL Zucker
- ½ TL frischer Rosmarin, gehackt
- 1 TL frischer Thymian, gehackt
- 1 TL frischer Salbei, gehackt
- Meersalz
- Schwarzer Pfeffer aus der Mühle

1. Aubergine, Zucchini, Paprikaschoten, Zwiebel und Knoblauchzehen schälen, putzen und evtl. waschen.
2. Zwiebel und Knoblauchzehen würfeln. Aubergine und Zucchini der Länge nach vierteln und dann in Scheiben, Paprika in Streifen schneiden.
3. Auberginenscheiben nebeneinander auf einen Teller legen, mit Salz bestreuen, 10 Minuten ziehen lassen. Dann mit einem Küchentuch abtupfen.
4. Etwas Öl in einer Pfanne erhitzen. Zwiebeln und Zucchini andünsten.
5. Paprika zufügen. 3 Minuten mit garen.
6. Auberginen zufügen. Unter Rühren 5 Minuten kräftig braten.
7. Tomatenmark einrühren und ebenfalls anbraten.
8. Stückige Tomaten, Knoblauch, frische Kräuter und Zucker untermischen.
9. Ratatouille bei mittlerer Hitze etwa 20 Minuten garen.
10. Sollte es zu dickflüssig werden, etwas Wasser zufügen.
11. Vor dem Servieren nochmals abschmecken.

KNACKIGER GURKENSALAT

Vorbereitungszeit: **10 min**
Ruhezeit: **mind. 24 Stunden**

Zutaten:
Für 4 Portionen

- 500 g Salatgurken
- 1 Zwiebel
- 1 Knoblauchzehe
- 1 TL Salz
- 1,5 EL Zucker
- 3 EL Essig
- 1 TL Senf
- Dill

1. Gurken waschen, schälen, in Scheiben schneiden.
2. Zwiebel und Knoblauchzehe schälen, fein würfeln.
3. Alle Zutaten in eine Schüssel geben.
4. Mit einem Deckel verschließen und gut durchschütteln.
5. Im Kühlschrank mindestens 24 Stunden ziehen lassen. Gelegentlich immer wieder durch schütteln.

DESSERTS

RUCK-ZUCK-APFELKUCHEN

Vorbereitungszeit: **15 min**
Garzeit: **20 min**

Zutaten:
Für 1 Backblech

- 4 Eier
- 250 g Zucker
- 1 Päckchen Vanillezucker
- 5 Äpfel
- 400 g Mehl
- 1 Päckchen Backpulver
- 200 ml Öl
- 200 ml Limonade zuckerreduziert

---

1. Backofen auf 200 ° vorheizen. Ein Backblech mit Backpapier auslegen.
2. Eier mit Zucker und Vanillezucker so lange verrühren, bis der Zucker sich aufgelöst hat.
3. Äpfel schälen, halbieren, entkernen, in Scheiben schneiden.
4. Mehl und Backpulver löffelweise zu der Eier-Zucker-Mischung geben und unterrühren.
5. Öl und Limonade zugeben. Alles zu einem geschmeidigen Teig verrühren.
6. Teig auf dem Blech verstreichen. Apfelscheiben gleichmäßig darauf verteilen.
7. Im Backofen 20 Minuten goldbraun backen.

ERDBEER-TIRAMISU MIT ZIEGENFRISCHKÄSE

Vorbereitungszeit: **20 min**

Zutaten:

Für 4 Personen

- 300 g Erdbeeren
- 50 ml Sahne
- 150 g Ziegenfrischkäse „Basilikum"
- 1 EL Zucker
- 1 Päckchen Vanillezucker
- 5 Basilikumblätter
- 1 EL Honig
- 1 EL Zitronensaft
- 4 Löffelbiskuits
- 50 ml Fruchtsaft
- Basilikumblätter zur Garnitur

1. Erdbeeren waschen, putzen. 4 Erdbeeren für die Garnitur beiseitelegen. Erdbeeren klein würfeln.
2. Sahne aufschlagen.
3. Ziegenfrischkäse, Zucker, Vanillezucker glattrühren. 2 EL Erdbeerwürfel vorsichtig unterheben.
4. Sahne ebenfalls unterheben.
5. Basilikumblätter waschen, fein hacken.
6. Basilikum, restliche Erdbeeren, Honig und Zitronensaft vermischen.
7. Löffelbiskuits in kleine Stücke brechen.
8. Erst die Löffelbiskuits in 4 Dessertgläser verteilen. Diese mit Fruchtsaft beträufeln.
9. Erdbeer-Frischkäse-Creme darauf verteilen.
10. Dessert mit Erdbeeren und gewaschenen Basilikumblättern garnieren.

SELBSTGEMACHTES FRUCHTEIS

Vorbereitungszeit: **10 min**
Ruhezeit: **2 h**

Zutaten:
Für 4 Portionen

- 600 g Früchte (TK), z.B. Himbeeren, Erdbeeren
- 500 g Naturjoghurt, fettarm
- 6 EL Wasser
- Flüssigsüßstoff
- 100 g frische Früchte zur Dekoration
- Minzblätter zur Dekoration

1. Früchte antauen lassen.
2. Joghurt und Wasser mit den Früchten mischen. Alles mit einem Mixstab pürieren.
3. Crememasse mit Süßstoff abschmecken. Mindestens 2 Stunden in das Gefrierfach legen.
4. Fruchteis mit frischem Obst und gewaschenen Minzblättern dekorieren.

MANDARINENQUARKSPEISE

Vorbereitungszeit: **15 min**

Zutaten:

Für 2 Portionen

- 1 kleine Dose Mandarinen
- 250 g Magerquark
- 1 Päckchen Vanillezucker
- Flüssigsüßstoff
- Einige Minzblätter zum Dekorieren

1. Mandarinen in einem Sieb abtropfen lassen. Saft dabei auffangen. Große Mandarinenspalten evtl. zerkleinern.
2. Quark mit 2 - 3 EL Mandarinensaft glattrühren. Vanillezucker einrühren.
3. Mandarinen unter den Quark ziehen.
4. Mit einigen Tropfen Süßstoff abschmecken und mit den gewaschenen Minzblättern dekorieren.

WAFFELN MIT OBSTSALAT

Vorbereitungszeit: **20 min**
Garzeit: **5 min**

Zutaten:
Für 3 Portionen

- ½ Banane
- ½ Apfel
- 1 Kiwi
- 50 ml Orangensaft
- ½ Päckchen Vanillezucker
- 1 Ei
- 35 g Zucker
- ½ Päckchen Vanillezucker
- 65 ml Milch
- 125 g Mehl
- ½ Päckchen Backpulver
- 125 g Butter
- Öl für das Waffeleisen
- Puderzucker zum Bestäuben

1. Banane, Apfel und Kiwi schälen. Obst klein schneiden und in eine Schüssel geben.
2. Orangensaft und Vanillezucker unterrühren.
3. Waffeleisen vorheizen.
4. Butter schmelzen.
5. Ei, Zucker und Vanillezucker schaumig schlagen. Milch einrühren.
6. Mehl und Backpulver sieben, unterziehen.
7. Flüssige Butter zufügen. Teig nochmals kräftig aufschlagen.
8. Waffeleisen mit Öl einstreichen. Aus dem Teig drei Waffeln goldbraun ausbacken.
9. Waffeln leicht mit Puderzucker bestäuben und mit dem Obstsalat servieren.

Druckausgabe durch Amazon Media EU Sar.l., 5 Rue Plaetis, L-2338, Luxembourg

Bildnachweis: FXQuadro / Shutterstock.com (Cover); Margo Miller / Shutterstock.com (Icons auf den Kapitelüberschrift-Seiten)

Schriftarten-Design: Ageng Jatmiko / letterhend.com (Titel auf den Kapitelüberschrift-Seiten))

Printed in Poland
by Amazon Fulfillment
Poland Sp. z o.o., Wrocław

66563195R00040